T 7 79
D . 4 78.

LOUIS XVIII

ET

NAPOLÉON.

IMPRIMERIE ANTHELME BOUCHER,
rue des Bons-Enfans, n° 34.

LOUIS XVIII

ET

NAPOLÉON,

DIALOGUE,

Par Auguste Saint-Prosper.

PARIS,

CHEZ N. PICHARD, QUAI CONTI, N°. 5.

1826.

PRÉFACE.

AUJOURD'HUI que les nations se reposent et que les esprits s'éclairent par l'échange mutuel de la pensée, il convient d'examiner le passé qui vient de s'écouler, pour apprécier les choses et fixer les rangs. J'ai donc essayé de démontrer que des institutions créant une liberté sage, en rapport avec les idées et les intérêts d'une époque, sont préférables, pour les peuples comme pour leurs chefs, à des victoires éclatantes et à des conquêtes éphémères. Afin d'appuyer cette vérité de preuves historiques, empruntées à notre temps, j'ai mis en présence l'un de l'autre, Louis XVIII et NAPOLÉON. Je n'ajoute plus qu'un mot : ce Dialogue est extrait d'un volume de *Mélanges*, que je me propose de publier incessamment.

LOUIS XVIII

ET

NAPOLÉON,

DIALOGUE.

NAPOLÉON.

Enfin nous nous rencontrons : nous voyant
sans crainte, nous allons causer sans amer-
tume; ici nos querelles n'ont plus d'objet.
C'est le grand bienfait de la mort de tout finir
et de tout accorder, en rapprochant pêle-mêle
amis et ennemis, dans un commun rendez-
vous. Je suis tenté de m'en féliciter aujourd'hui.

LOUIS.

Je ne m'en plains pas non plus, ayant eu
souvent le désir de voir de près un homme que
j'étais forcé d'admirer, quoiqu'il m'en coutât.
L'heure est venue de nous apprécier de sang-

froid, et de discuter notre renommée, puisque nous sommes arrivés à ce but par des chemins différens. Fixés en tête de rangs opposés, nos noms ne seront plus séparés désormais, ils se combattront jusqu'au jour du triomphe, qui doit proclamer leur place dans l'avenir. Cherchons à deviner d'avance ce qu'il tient en réserve à chacun de nous.

NAPOLÉON.

Déjà vous avez le succès, et par lui, le peuple des écrivains, qui régente le peuple des esprits ; mais j'en appelle à l'élite qui pèse les actions à leur poids, en dépit de la fortune. Annibal, quoique vaincu, est resté l'égal de Scipion.

LOUIS.

Oui, s'il s'agit de vous apprécier comme grand capitaine : ce titre vous restera, malgré Leipsick et Waterloo ; mais vous avez aussi regné sur les peuples, c'est là que je vous attends. En effet, les grands généraux sont moins rares que les grands princes, car la science des combats n'exige que certaines qualités ;

celle de gouverner les embrasse toutes. Ainsi doit se débattre notre cause.

NAPOLÉON.

Soit : eh bien, vous m'accordez d'abord un point que mes ennemis m'ont tant disputé, celui de savoir vaincre. Les uns en faisaient honneur à mes lieutenans, les autres à l'impé-ritie de mes adversaires, quelques-uns à la perfidie ; mais n'est-ce rien de savoir choisir ses instrumens, ou de profiter des fautes d'autrui ? Quant à la perfidie, si je l'employai, ce ne fut pas du moins sur le champ de bataille : je n'en avais pas besoin.

LOUIS.

Tant que vous avez vécu, les envieux de vos succès ont cherché à les rabaisser, pour vous rabaisser avec eux. Les uns vous calomniaient en haine de votre personne, du moins c'était par conviction ; d'autres, à la solde du pouvoir quel qu'il soit, ont voulu vous achever quand vous étiez à terre. Cependant le grand jour de la postérité qui se lève pour vous, commence à tout remettre à sa place. Il vous restitue vos vertus guerrières , mais en vous dépouillant de certaines vertus d'emprunt , nées dans le *Moniteur* et les flatteries de vos courtisans. L'histoire , en vous accordant cette activité dévorante possédée jadis par le seul César, cette perspicacité pénétrant tout-à-coup le fond des choses ; cette habileté si puissante pour s'emparer des hommes , les ranger suivant leurs facultés, les manier par leurs faiblesses , les électriser par leurs vertus ; enfin cette volonté de fer, qui rend tout faisable , excepté l'impossible ; l'histoire , dis-je , vous parant de ces rares qualités , vous en déniera d'autres non moins précieuses : l'art de suivre un plan dans toutes ses parties , la patience qui sait attendre pour mieux recueillir , et la prévision semant à coup sûr actions et paroles , pour en tirer des destinées toutes faites. Tel fut Auguste , faisant plus que gagner la toute-puissance , l'enracinant dans sa maison.

NAPOLÉON.

Sans doute j'ai failli sur plus d'un point, puisque le sort s'est prononcé contre ma cause. Mais il faut examiner si ce résultat vient de moi seul. En effet , quelle que soit la puissance

d'une âme forte, elle peut modifier, non changer
entièrement les idées de son siècle : c'est
l'œuvre de Dieu ; seulement elle les ploye, les
accommode à ses projets. Voyons donc ce
que j'ai fait. Enfant de la révolution, j'ai su
la dompter, puis l'assouplir pour en faire sortir
un ordre social plein de grandeur et d'éclat.
Cachant son origine sous des lauriers, je l'ai
naturalisée aux lieux témoins de ses ravages ;
je l'ai fait germer dans des cœurs encore sai-
gnans de ses excès. Cette révolution, je l'avais
réconciliée avec la religion, les sciences, les
lettres, même avec la monarchie, vaincue et
poursuivie par elle jusqu'au bout de l'univers ;
et cela, en présence et à l'aide d'hommes qui
l'avaient faite ou avaient sucé ses principes.
Auguste fit-il rien de si grand ? Alors il suffisait
pour dominer de ranger la force de son côté ;
alors les idées religieuses n'enchaînaient plus
les esprits, remplacées dans les hautes classes
par des systèmes de morale qui s'y canton-
naient sans descendre jusqu'à la masse. Celle-
ci, faute de livres, ne pouvait d'ailleurs ni s'é-
clairer, ni penser en commun. Donc point de
résistance de la part des citoyens, le cœur et la
main désarmés : restaient les soldats, qu'il
suffisait d'acheter. Pour moi, debout sur des

débris, j'en tirai ce qui manquait, tout : la religion, les lois civiles, les institutions politiques. Enfin je créai l'opinion, et je sus la diriger à mon profit, pour régner par elle et avec elle, autant que par l'épée. J'en vins à bout chez un peuple si fier, si vif et si pénétrant ; je l'enivrai durant quinze ans de mon nom et de mes exploits ; je l'isolai du monde entier, en face de cette Albion, me combattant par ses armes. plus encore par ses journaux. Ajoutez que j'imposais l'obéissance à des hommes naguère mes égaux, et que le temps et la légitimité manquaient à mon pouvoir. Eh bien ! je l'ai gardé quinze ans, et il n'a cédé, qu'enseveli, plutôt que vaincu sous l'Europe débordée contre lui.

LOUIS.

Et c'est là ce qui vous condamne. Qu'est-ce que créer sans conserver ? Qu'est-ce qu'une dynastie qui ne compte qu'un seul homme ? Des conquêtes qu'il faut rendre ? Des institutions détruites presqu'aussitôt qu'élevées ? Voilà votre histoire, celle d'un aventurier héroïque, non d'un vrai grand homme. Pourquoi coudre ensemble des systèmes opposés, au lieu d'en fonder un, l'œuvre de votre génie. Empereur

comme Charlemagne, vous menaciez à cé titre
tous les potentats ; de-là des guerres intermi-
nables. Votre noblesse , féodale de nom , sans
priviléges politiques, sans racine dans le passé,
ne pouvait rien pour vous ni pour elle, sans
place dans l'État; et, née dans les camps ,
que devait-elle être pour subsister , sinon ce
qu'elle fut au moyen âge ? Alors quel héritage pour vos successeurs ! quel avenir pour
les peuples ! Votre conscription , fauchant et
mêlant tous les rangs, brisait jusqu'aux barrières qui séparent le palais de la chaumière,
inoculant aux masses la liberté sous les livrées
de l'esclavage. Infusée dans votre cour, vos
tribunaux, votre administration , cette démo-
cratie des camps, rongeait de la base au faîte
votre édifice gigantesque; courbée sous le sa-
bre , elle croissait en silence , et se leva soudain
au premier cri de liberté, toute prête à se passer
de vous, et à s'arranger avec ma Charte, qui
a brisé votre trône à jamais.

NAPOLÉON.

Je le répète : ce fut la faute de l'époque et
non la mienne; j'étais condamné à me servir
des matériaux qui se rencontraient sous ma
main. Peut-être il eût été plus sage, régnant

par la grâce du peuple, de lui tailler sa part, et de gouverner avec lui; par là je le liais à son choix. Mais, habitué à commander à des soldats, comment me résoudre à discuter, à caresser des doctrines et des idées qui ne partaient pas de moi? Je pouvais tout supporter, hors d'abaisser et de partager mon pouvoir; c'eût été sortir de moi-même, ou plutôt de mon génie. Voyez Sylla, dictateur, étouffant dans le sang de ses intimes la plus légère contradiction; dépouillé des faisceaux, il écoute sans se plaindre des insultes et des menaces : tel je fus, tel je devais être.

LOUIS.

Que n'évitiez-vous du moins de mettre aux prises vos actions avec vos paroles, les forçant ainsi de s'entre-détruire? En protégeant les lettres, en payant des littérateurs pour attacher le public à des discussions littéraires, vous détruisiez sans le vouloir l'œuvre de votre despotisme, vous y jettiez l'esprit d'examen qui devait le dévorer. Qu'espériez-vous? Commander à la pensée comme à des soldats? erreur! Il faut la tuer dans son germe, ou la souffrir à ses côtés. Omar l'avait senti, lorsqu'il brûla les livres d'Alexandrie; Omar était un barbare,

mais ce barbare raisonnait juste. D'ailleurs, si
dans les temps anciens on pouvait se contre-
dire sans danger, il n'en est plus ainsi de nos
jours, où toutes les oreilles entendent, tous
les esprits discutent. Jadis les paroles mou-
raient aux limites de la place publique, maintenant elles ont le monde pour écho. Enfin,
vous avez gardé le principe, sans étouffer la
conséquence ; elle a précipité votre chûte.

NAPOLÉON.

J'ai senti cette contradiction, j'ai dù la
subir ; elle se liait à ma position. C'est d'ailleurs pour les âmes fortes un besoin de che-
miner loin de la foule, et de l'entraîner après
soi. Oui, j'ai voulu faire marcher l'esclavage
sous l'enseigne de la liberté. Ne pouvant les
unir, du moins je les ai forcés de servir ensemble. Qui fit jamais plus ? Maintenant que
plongeant dans ma vie entière, on en détache,
chaque année, jusqu'à chaque heure, qu'y ver-
ra-t-on ? des jours sans repos, des nuits sans
sommeil. Général presqu'aussitôt que soldat,
je commandai sans l'avoir appris, je triom-
phai comme en courant. Avec des ruines, j'é-
difiai un empire immense, si bien cimenté,

si bien ordonné, qu'au geste, à la parole du
chef, tout s'ébranlait, agissait, obéissait tel
qu'un seul homme. Du haut de mon génie,
j'imprimai en me jouant la vie à ce grand corps.
Régis par une jurisprudence empruntée à la
sagesse des âges, les peuples de l'Europe, for-
mant sous mon sceptre une même famille,
s'accordaient à reconnaître, à invoquer les
mêmes droits. Les barrières du temps et de
l'espace qui les divisaient depuis des siècles
étaient abaissées, et bientôt une seule langue,
celle des vainqueurs, compagne de leurs dra-
peaux, aurait servi à tous les besoins, dicté tous
les livres, représenté tous les intérêts. L'univers
eût pensé et parlé en français. Cette main si souvent armée de l'épée, édifiait aussi des forteresses, creusait des canaux, nivelait les Alpes,
gravait son nom au front des pyramides, élevait
des portiques, créait des musées. Mais cette
impulsion sortait de mon caractère : c'est le
secret de ma force. Par lui j'attirai les talens,
j'enrôlai les vices, je professai les vertus, en
les fondant pour l'accroître dans ma fortune.
Par lui, j'ai pu ce que j'ai voulu, pour avoir
voulu toujours. En vain le temps, plus encore
que la victoire, m'ont manqué : si mon œuvre a été brisée, ses restes sont debout, ils

attestent sa grandeur. Des barbares ont foulé, jadis aux pieds ceux de Rome et de la Grèce ; le jour n'est-il pas venu où il les ont relevés pour les adorer. Même destinée m'attend. Je me réfugie dans l'avenir, j'y paraîtrai dans ma hauteur, il me restituera mes trophées.

LOUIS.

Vain espoir, qui vous échappera comme le reste ! Vous en appelez à Rome, elle devait revivre en vous ; mais ce colosse a pesé sur le monde, et quel en fut le résultat ? L'homme, arrêté dans sa force et son intelligence rétrograda vers son berceau. Privé de mouvement, il s'engourdit, puis s'éteignit par degrés dans sa bassesse. Toutefois avant cette époque, le genre humain libre avait produit. Ce sont là les débris qui commandent encore l'admiration et inspirent le respect. Mais vous qui n'avez fait que passer, que semer au hasard, que restera-t-il de vous ? Des forteresses bâties pour l'ennemi, des chemins inutiles à la France, des conquêtes perdues, des lois déjà proscrites, des monumens projetés ou à peine commencés, et qui, s'ils s'élèvent, échapperont à votre gloire ; ce Louvre enfin, accru de vos travaux, ne saurait vous res-

ter : il ne parle que de mes ancêtres. Monar-
qué, quel rang vous restera ? Placé entre
le géant de la révolution, ébranlant l'Europe dans ses vieux fondemens, et l'ère de ma
restauration dotant les peuples d'un nouvel
avenir, je vous vois comme étouffé entre ces
deux grands souvenirs. Enfant de la révolution, vous avez répudié son héritage, et cet
héritage, je l'ai recueilli puis adopté dans ce
qu'il contient de glorieux et d'utile pour le bon-
heur commun. Né avec des sentimens transmis
jusqu'à moi depuis quatorze siècles, j'ai su les
écarter pour entrer dans les idées et les besoins
de mon temps ; ce fut mon égide contre vous,
ce sera mon plus beau titre. De moi seul date
la liberté légale, et par elle tous les esprits,
d'un bout du monde à l'autre, s'entendent,
s'éclairent, se soutiennent. Exilé des combats,
si je n'ai point de faits-d'armes à rappeler, je
leur oppose les bienfaits qui naissent et naî-
tront de moi : ils illumineront ma mémoire.
La vôtre, s'enfonçant dans l'océan des âges, pâ-
lira comme vos victoires déchues de leurs résul-
tats. Vous ne fûtes grand que dans la fortune ;
vaincu, au lieu de disparaître comme Romulus
dans la tempête, vous avez voulu vivre pour ex-
pirer lentement, torturé à coups d'épingles par

un geolier. Enfin votre dernier soupir ne fut pas même entendu dans cette Europe, naguère pleine de vous seul ; elle ne s'aperçut pas que vous lui manquiez ; elle avait cessé de vous craindre, par là de songer à vous. Rapprochons notre destinée : placé sur les marches du trône, je n'y montai qu'en passant par l'exil ; né soldat, vous avez passé par le trône pour finir par l'exil. Partis de deux points opposés' nous nous sommes heurtés dans la même carrière, l'un armé d'un principe, l'autre de l'épée. Vous avez succombé. Telle devait être l'issue de la lutte qui sera confirmée par la postérité.

NAPOLÉON.

Adieu : j'aperçois d'ici l'un de mes compagnons d'armes. Il arrive parmi nous ; je vais le recevoir, nous reprendrons cet entretien.

FIN.

www.ingramcontent.com/pod-product-compliance
Lightning Source LLC
Chambersburg PA
CBHW060728280326
41933CB00013B/2583